Karlfried Graf Dürckheim

# MÄCHTIGKEIT
# RANG UND STUFE DES MENSCHEN

Karlfried Graf Dürckheim

# MÄCHTIGKEIT RANG UND STUFE DES MENSCHEN

AURUM VERLAG
FREIBURG IM BREISGAU

CIP-Kurztitelaufnahme der Deutschen Bibliothek

Dürckheim, Karlfried Graf:
Mächtigkeit, Rang und Stufe des Menschen / Karlfried
Graf Dürckheim. − 2. Aufl. − Freiburg im Breisgau:
Aurum-Verlag, 1983.
ISBN 3-591-08057-8

1. Auflage 1978
2. Auflage 1983

ISBN 3 591 08057 8
Gesamtherstellung:
Landsberger Verlagsanstalt Martin Neumeyer, Landsberg a. Lech,
Printed in Germany

# VORWORT

»Mächtigkeit, Rang und Stufe« weisen in
ihrer Dreieinheit hin auf den Kreuzpunkt,
in dem sich die Vertikale und die Horizontale unseres menschlichen Lebens treffen –
die Horizontale unseres raumzeitlich bedingten Daseins mit der Vertikalen des un-
serem Wesen immanenten überraumzeitlichen Seins. Somit handelt es sich um Er-
kenntnisse, die neuerdings unter der Be-
zeichnung »transpersonal« die Wissenschaft
vom Menschen zu vertiefen beginnen.

Ich bin dem Aurum-Verlag dankbar für
die Neuherausgabe dieser vor 30 Jahren er-
schienenen, aber unverändert aktuellen Ar-
beit.

Ich schrieb sie als Beitrag für »Tymbos«,
Gedenkschrift für Wilhelm Ahlmann. Mit
ihm verband mich eine zwanzigjährige
Freundschaft. Er war blind – ein Mann, den
in seltenem Ausmaß die Eigenschaften des

»Wesens« auszeichneten, von denen in dem zu seinem Gedenken geschriebenen Beitrag die Rede ist. Im Jahr 1944 schied er, zum Kreis des Widerstandes gehörend, durch Freitod aus dem Leben.

Wir stehen heute im Zeichen einer Wie-
derentdeckung des dem Menschen in seinem Wesen immanenten Seins. Es entwik-
kelt sich das Organ zu seiner Wahrneh-
mung nicht nur in inneren Erfahrungen,
sondern auch für seine Erscheinung in je-
nen besonderen Eigenschaften des Menschen, indem durch all seine raumzeitliche
Bedingtheit hindurch das Sein in der je-
weils individuellen Besonderheit seines
Wesens hindurchleuchtet: seiner elementaren Mächtigkeit, seinem Rang und seiner Stufe.

### Seinshaltigkeit des Wesens

Der Mensch verkörpert in seinem Wesen in besonderer Weise das Sein, das heißt
die Weise, in der das Sein in ihm anwesend
ist und in ihm und durch ihn offenbar wird
in diesem Dasein.

In der Daseinsgestalt seines Wesens kommt das Sein nur zu bedingter Erscheinung. In ihr ist der Mensch nur ein trüber Spiegel, ein verstelltes Medium, ein bedingtes Organ des Seins. Und doch ist er kraft seines Wesens dem Sein zugleich zugehörig und dazu bestimmt, ein reiner Spiegel, ein durchlässiges Medium, ein unbedingtes Organ des Seins im Dasein zu werden. Er ist dazu bestimmt, das Sein im Dasein zu offenbaren. Er vermag es in dem Maße, als er vom Wesen her lebt.

Die Seinshaltigkeit des Wesens ist bei den Menschen ursprünglich verschieden. Sie haben in ihrem Wesen in verschiedenem Maße teil an der Fülle, Urbildlichkeit und Einheit des Seins und so auch aus ihrem Wesen heraus ein verschiedenes Maß an ursprünglicher Lebensmächtigkeit, Geformtheit und Einigungskraft. Sie bekunden diese Verschiedenheit aus dem Wesen in einem sie unterscheidenden Grad an ursprünglicher Unabhängigkeit gegenüber den Bedrohungen des Daseins, in einem sie unterscheidenden Grad an ur-

sprünglicher Formgültigkeit und Maßgeb-
lichkeit ihrer Erscheinung und endlich in
einem sie unterscheidenden Grad an ursprünglicher Liebeskraft und menschlicher
Größe. Die Verschiedenheit ihres Wesens
spricht uns an im Maß ihrer *elementaren
Mächtigkeit,* in der Höhe ihres *Ranges* und
in der Reife ihrer seelischen *Stufe.*

In der elementaren Mächtigkeit, im Rang
und in der Stufe eines Menschen berühren
uns Qualitäten von transzendenter Bedeu-
tung. In ihnen bekundet sich durch alle Trü-
bungen daseinsbestimmter Bedingtheit hindurch die Besonderheit seines allem Werden
im Dasein vorgegebenen Wesens – und in
der Sprache seines individuellen Wesens
seine besondere Teilhabe am Sein. Aus seiner elementaren Mächtigkeit leuchtet das
Sein hervor als der Urgrund und Quellgrund
allen Daseins, der es trägt, speist und voran-
treibt. Es berührt uns in ihr als ursprüng-
liche Lebensmächtigkeit, deren Maß sich
unter allen Bedingungen des Daseins er-
weist. Aus dem Rang eines Menschen leuchtet die Urbildlichkeit des Seins hervor und

berührt uns in der richtunggebenden Geformtheit seines Wesens, die das Maß ihrer
Gültigkeit unter allen Bedingungen des
Daseins bekundet. Aus der Stufe eines
Menschen leuchtet das Sein hervor als die
alle Besonderung in sich bergende und erlösende Einheit und berührt uns als seelische Reife, deren bemessene Weite, Tiefe
und Reinheit unter allen Bedingungen des
Daseins bezeugt wird.

## Elementare Mächtigkeit

In der elementaren Mächtigkeit eines Menschen offenbart sich das Sein als wesens-
eigenes Maß an ursprünglicher Entfaltungs-
fülle, Bewältigungskraft, Tragkraft und
Standfestigkeit, die etwas anderes ist als alle
Festigkeit, Fülle und Kraft, die er aus eige-
nem Bemühen oder dank glücklicher Le-
bensumstände entwickelt. Es ist der eine
aus dem Ursprung mehr als der andere
»geladen« mit Sein.

Jeder Mensch hat ein Maß an elementarer Mächtigkeit ursprünglich zu eigen.

Sie ist die sein Lebensgefühl von grundauf bestimmende Potenz schlechthin. Als solche ist sie irrational, wertindifferent und richtungslos. Sie ist in seinem Leben und Sich-geben im Dasein vorgegeben als das große, geheimnisvolle, auch abgründige und frag-würdige, aber elementar bewegende, spei-sende und endlich auch tragende und be-wahrende *Potential.*

Menschen unterscheiden sich durch die ihr Wesen auszeichnende Breite, Fülle und Kraft. Die einen sind mehr als die anderen von ihrem Grund her getragen, gespeist und getrieben und weniger von außen be-wegt. Ihr Leben ist immer mehr ein »Sich-Auswirken« als ein »Bewirktwerden«.

Menschen von elementarer Mächtigkeit sind wie Bäume, die, breit nach unten ver-wurzelt, einen unumstößlichen Lebens-stamm haben und mit der ausladenden Breite ihrer Krone viel Raum beherrschen – ohne verdienstvolles Bemühen. Sie haben eine natürliche Wurzelkraft und Standfe-stigkeit gegenüber den Gewalten des raumzeitlichen Daseins. Die bedrohenden Mächte der Natur können ihnen weniger anhaben als anderen.

Menschen von elementarer Mächtigkeit zeigen eine natürliche Kühnheit. Kühnheit ist Ausdruck einer unmittelbaren Gegründetheit im Sein, die die Gefahren des Daseins mit anderen Maßstäben wertet. Gefahr wird zu einem besonderen Reiz: Was das Zerstörbare mit Vernichtung bedroht, bringt das Unzerstörbare ans Licht, und in der Gefährdung des Vergänglichen tritt das Unvergängliche des Wesens lustvoll ins Innesein.

Menschen von elementarer Mächtigkeit haben eine natürliche Fülle. Alle Dimensionen ihres Menschseins zeugen von blutvoller Lebendigkeit – so als seien sie von grundauf gespeist von den Säften der Erde. Sie haben eine kräftige und natürliche Sinnlichkeit und lieben das Leben und die Welt in ihrem sinnlichen Glanz. Aus ihrem Wesen heraus sind sie nie trocken und mager, sondern saftig und voll. Die Atmosphäre, die sie umgibt, und die Strahlung, die von ihnen ausgeht, ist mit pulsierendem Leben geladen. Kraft ihrer Fülle haben sie keine Sorge, sich zu erschöpfen, denn sie schöpfen aus dem reichfließenden Quell ihres kräftegeladenen Wesens. Es ist ihnen ein natürliches Volumen zu eigen, das sie unwillkürlich zu Raum kommen und Raum in Besitz nehmen läßt.

Menschen von elementarer Mächtigkeit leben aus dem Zentrum einer ursprünglichen Kraft, die sie tragfähiger und belastbarer macht als andere. Sie haben einen langen Atem. In welchem Sinne auch immer sie Einbuße leiden, sie erneuern sich wieder und schaffen aus der Kraft ihres Wesens, die unbesiegbar erscheint.

Die naturhaft nachdrängende Fülle ihres Wesens gibt Menschen von elementarer Mächtigkeit die sie auszeichnende Trieb- und Durchsetzungskraft. Sie haben in all ihrem Tun ein natürliches Gewicht, haben Stoßkraft und Wucht. Ihr Handeln hat eine naive Zielstrebigkeit und nachhaltige Wirksamkeit. Sie haben »Zug« und Schwung, und der Bogen ihres Willens ist weitge-spannt.

Die Breite, Fülle und Kraft ihres Wesens gibt Menschen von elementarer Mächtig-keit eine selbstverständliche Sicherheit und suggestive Überlegenheit. So ist es natür-lich, daß andere bei ihnen Halt suchen, von ihnen zehren, sich bei ihnen auffrischen und mit neuer Kraft aufladen. Die anderen kommen auf sie zu und orientieren sich an ihnen, sind geneigt, ihnen zu folgen und sich ihnen zu unterstellen. Das Maß an Mächtigkeit aus dem Wesen bestimmt auf Anhieb das elementare Grundverhältnis der Menschen untereinander.

Elementare Mächtigkeit bekundet sich nicht nur in der Haltung gegenüber den Gewalten des Daseins, sondern auch im Einsatz für geistige und seelische Werte. Solcher Einsatz ist hier nie Krücke oder halt-gebender Ersatz ursprünglicher Fülle, son-dern gültiger Ausdruck des lebendigen Kraftfeldes.

Menschen von elementarer Mächtigkeit sind für das Gefüge der Daseinsordnungen gefährlich wie auch selber gefährdet. In ihnen sind Urgewalten am Werk und drängen aus ihrer Geballtheit zur Lösung. Ihr Volumen drückt andere zur Seite. Ihre nachdrängende Fülle stellt alles Gegebene in Frage. Der unbefangene Anspruch, mit dem sie aus der naiven Souveränität ihres mit elementaren Kräften geladenen Wesens auftreten, bringt sie in Widerspruch und Gefahr. Sie greifen an, oft ohne es zu wissen, und fordern den Gegenschlag heraus. Das Vertrauen auf ihre von allen Daseinsbedingungen, auch von Wissen und Können unabhängige Kraft beraubt sie oft des inneren Maßes. Die in ihnen geballten Gewalten können – im Raum ihres Wirkens wie in ihnen selbst – wie Sprengkörper wirken. Dann hängt es von der Gefügigkeit ihres Charakters, ihrer seelisch-geistigen Verfassung und von der Wertbestimmtheit ihrer Haltung ab, ob die Ordnung gewahrt, die Triebgewalten im Zaume gehalten und in die rechten Kanäle geleitet werden, und ob die Breite, Fülle und Kraft ihres Wesens sich als eine heilvolle oder heillose Wirkungseinheit bekundet und auswirkt.

Je gewaltiger die elementare Mächtigkeit eines Menschen, desto schwerer hat er es, sich Ordnungen zu fügen, »vollkommen« zu werden und innerlich stetig zu reifen. Die elementare Mächtigkeit seines Wesens, der andere sich mit Selbstverständlichkeit beugen, spiegelt ihm auch dann noch die Berechtigung seiner Führung vor, wo keine mehr da ist. Seine natürliche Überlegenheit über andere, die allen Widerspruch im Keime erstickt, nimmt seiner Selbstkritik oft die nötige Wachheit. Die elementare Erneuerungskraft seines Wesens, aus der er rascher als andere auch seelisches Leiden verwindet, bringt ihn leicht um die Frucht echten Reifens. So hängt bei Menschen von elementarer Mächtigkeit die Qualität ihres Charakters und die seelische Reife, die sie gewinnen, mehr als bei anderen vom ursprünglichen Rang und der menschlichen Stufe ab, die sie aus dem Wesen heraus besitzen.

Elementare Mächtigkeit ist jenseits von Gut und Böse. Sie ist in sich selber wertindifferent. Sie macht stark im Guten wie im Bösen. Sie begründet Spannweite, Stoßkraft und Wirkmacht – besagt aber von sich aus noch nichts über Wert oder Unwert der Motive und des Bewirkten. Sie ist die elementare Bedingung aller wirkenden Größe. An ihr hängt die Kraft zur Veränderung des gegebenen Daseins. Nur Menschen von elementarer Mächtigkeit verändern das Antlitz der Erde. Viele die Geschichte bewegende Gestalten waren Menschen von elementarer Mächtigkeit, die aus der Grundkraft ihres Wesens die fraglose Unabhängigkeit hatten, das Gewordene furchtlos in Frage zu stellen. Ob zum Guten oder zum Bösen, hing nicht mit ihrer Mächtigkeit zusammen, sondern mit ihrer Bestimmtheit von geistigen und seelischen Werten.

Das Maß an ursprünglicher Lebenskraft bestimmt das Maß des für den natürlichen Menschen Erträglichen. Die Tugenden der Geduld, des Stillhaltens und des Verzichtens widersprechen ihrem dynamischen

Kraftpotential. Menschen von elementarer Mächtigkeit drängt es zur lösenden Tat, die die Fülle entlädt und den Mangel ohne Rücksicht beseitigt. Wäre das Leben der Menschen nur von ihrer elementaren Mächtigkeit bestimmt, so herrschten die Raubtiere unter den Menschen. Sie huldigten Götzen, die nichts wären als Sinnbilder und Garanten ungehemmter Entladung raumgebender Mächte. Ihre Vorstellung vom Paradies wäre die des auf ewig gesicherten Genusses elementarer Fülle und Kraft.

## Rang

Das Urbild des Menschen ist eine Weise, in der das Sein sich besondert und darstellt. In der Inbildlichkeit seines Wesens verkörpert jeder Mensch die Idee des Menschen in individueller Gestalt. Das Maß, in dem sein Wesen vom Inbild wirklich geprägt ist, bestimmt die Höhe des Ranges.

Die im Wesen eingeformte Inbildlichkeit verwandelt und bindet das in der elemen-

taren Mächtigkeit erscheinende und geball-
te Mikrochaos der Urgewalten zu einer mi-
krokosmischen Form. Erst in den Formen
erscheint das Sein als Wirklichkeit einer
Ordnung. Ihre Verkörperung im raumzeitlichen Dasein gibt seinen Gestalten den
überraumzeitlichen Sinn und verleiht ihnen Geltung und Wert. Sie berühren uns
als gültige Formen, soweit sie in ihrer Da-
seinsbedingtheit zugleich das Urbild bekunden. In der Höhe des Ranges berührt
uns in der Daseinsform eines Menschen das
Sein in der Sprache einer das menschliche
Urbild gültig spiegelnden individuellen
Form.

Die Daseinsgestalt eines Menschen bildet
sich unter den Bedingungen des raumzeitlichen Daseins. Wie weit aber die Gestalt
nur von ihnen geprägt wird, hängt ab von
der Formkraft seines Wesens. Menschen
höheren Ranges bekunden eine Gesetzes-
kraft ihres Wesens, die die Abhängigkeit
ihrer Form von den Daseinsmächtigen ver-
mindert. Hell leuchtet aus ihrer Erscheinung
der geprägte Kern ihres Wesens hervor. Je

niederer der Rang eines Menschen, desto mehr ist die Auszeugung seines Wesens in Charakter, Verfassung und Haltung verschliffen und von den Daseinsmächten bestimmt, unter denen sich sein Leben entwickelt, und das Erscheinungsbild seines Wesens ist verwaschen, getrübt und verdunkelt.

Der höhere Rang eines Menschen offenbart sich im Dasein in einer gelassenen Freiheit, mit der er seine Form bekundet und wahrt. Die Mächte des natürlichen Daseins, die Menschen niederen Ranges aus ihrer Form herauswerfen, haben Menschen von Rang gegenüber keine entscheidend-verändernde Macht. Sie brechen sich an der vorgegebenen Form seines Wesens, die er darlebt, unbekümmert um Eindruck und Wirkung und unstörbar von äußerem Einfluß.

Menschen von Rang haben Mitte und Maß im Formgesetz ihres Wesens. Zwar hat auch ihre Daseinsgestalt Züge, die der Auseinandersetzung mit dem Dasein entstammen. Aber die Form ihrer Verfassung ist nicht nur deren Produkt. Menschen von Rang sind vom Gesetz ihres Wesens bestimmt. Sie halten Maß aus wesensnotwendiger Zucht und widerstreben der Verlokkung, sich größer zu geben, als sie vom Grunde her sind. Sie übernehmen sich nicht in der Welt, sondern halten sich in Anspruch und Ausgriff eher hinter ihrem Wesensumfang zurück. Menschen von Rang haben die unstörbare Mitte im Kern ihres Wesens. Die Form, die als Kernung hervorwächst, zeigt sich in gewachsener Ordnung, die Hast und Verwirrung nicht zuläßt.

Der Mensch niederen Ranges scheint in seiner Form zusammengehalten vom Macht- und Sicherungsverlangen seiner dem Geiste noch fernen Natur. Der Mensch höheren Ranges zeigt eine Form, deren Bildungsgesetz nicht dem Dasein entstammt. Auch jener hat im Grunde sein übernatürliches Wesen – doch ist es verhüllt und verborgen. Auch dieser hat seine raumzeitlich bedingten Züge –, doch stärker als sie bestimmt ihn die Eigenkraft seines Wesens.

Der Mensch von Rang ist vom Sein geformt und gehalten, der Mensch niederen Ranges mehr von Zufälligkeiten des Daseins. Darum auch hat jener das Leuchten des Unbedingten, dieser das Trübe raum-zeitlicher Not.

Menschen höheren Ranges haben Haltung. Diese Haltung ist nicht das Produkt einer äußeren Zucht, sondern es »hält« sie die Würde des Wesens. Auch in ihnen drängen sich die elementaren Mächte des Lebens, aber sie werden von der im Kern gegründeten Haltung zur Bewährung im Ganzen gebunden. Es bildet und fügt die Natur sich zum harmonisch geordneten Ganzen und verleiht seiner Wirkung formende und klärende Kraft.

Menschen von Rang kreisen um eine innere Achse, halten ihr Gleichgewicht ohne Zwang oder schwingen doch leicht in ihre Mitte zurück. Die richtunggebende Kraft ihres Wesens löst wie von selbst jede Spannung, die der Not des Lebens entstammt, und bindet zum harmonischen Ganzen die

Mächte, deren Gewalt den von seinem Wesen weniger Bestimmten in seine Krisen hineintreibt. Menschen von Rang haben in der Not eine besondere Haltung. Sie geben gelassen der Kraft aus dem Wesen die Zeit, von innen zu überwachsen, was der Geringere, wenn er leidet, bekämpft oder nur mit Willenskraft überwindet.

Die Höhe des Ranges setzt im Menschen ein besonderes Verhältnis zur Welt. Der Mensch niederen Ranges reflektiert in seiner Haltung die Betroffenheit durch das Dasein. Der Mensch höheren Ranges wirkt aus seiner Geprägtheit vom Wesen wie ein Widerhall aus dem Sein, der in das Dasein hineinklingt. Als solcher ist er zugleich Träger, Hüter und unbekümmerter Künder einer höheren Ordnung. Er steht in der Welt zugleich über ihr, und er wirkt in der Welt in einer anderen Weise als die, die mit den Umständen ihres Daseins unauflöslich verstrickt sind.

Menschen von höherem Rang sind den Wechselfällen des Lebens aus ihrer Geprägtheit heraus überlegen. Sie leben wie andere auch unter den Verkettungen von Raum und Zeit. Doch das, was sie im Handeln bestimmt, hat seinen Sinngrund woanders. Sie leben vollauf im Dasein, aber existieren aus dem Grund ihres Wesens. Sie sind, was sie sind, nicht unter Bedingungen, sondern unbedingt und also unter jeder Bedingung.

Menschen von Rang fragen nicht nach Sicherheit oder eigener Geltung. Wo sie es doch tun, wissen sie sich im Widerspruch mit sich selbst. Menschen von Rang setzen Geltung und geben Sicherheit, denn sie verkörpern etwas, das unbedingt gilt. Ihr Atem kommt aus der Ruhe, die dem Gültigen eignet.

Menschen von Rang buhlen nicht um die Welt, aber wissen die Würde zu wahren. Der Beifall der Menge macht sie kritisch gegen sich selbst. Der Widerspruch und Angriff der anderen, die deren Daseinsansprüche spiegeln, stellt sich notwendig ein, denn was sie vertreten, weist immer über bequeme Wünsche hinaus. So erreichen sie auch immer nur die, in denen zumindest die Sehnsucht nach dem höheren Sein schon erwacht ist.

Wo Rang ist, ist unveränderlich gültige Form. Sie gründet nicht in der Festigkeit eines Charakters, der Zähigkeit eines Willens, der Kraft einer Natur, nicht in sachlicher Bildung oder überlegenem Können. Nie läßt sich der Rang eines Menschen aus Fähigkeiten ableiten, denn der Rang begründet erst deren tiefer bedeutsamen Wert. Das Unangreifbare der bekundeten Form liegt in der Beschaffenheit des qualitativ höheren Seins, das ihr vom Wesen her eignet.

Menschen höheren Ranges regenerieren sich nicht allein aus rein stofflichen Kräften, sondern vielmehr aus dem Lebensgesetz der sie tragenden Form. Es ist, als wäre das Arsenal der natürlichen Kräfte nicht mehr das rechte, geschweige denn einzige Medium, ihrem Wesen Ausdruck zu geben. Wo im Kampf mit den Mächten die Gestalt Einbuße erleidet, erneuert sie sich aus ihrem inneren Gesetz.

Im Umkreis des Menschen von Rang verwandelt die Welt sich. Der Raum weitet sich, und die Atmosphäre wird reiner. Das, was sich fremd ist, tritt auseinander. Was zueinander gehört, kommt zusammen. Schein trennt sich vom Sein, die Nebelschleier zerreißen, und Formen gewinnen Kontur. Die urbildliche Ordnung des Lebens tritt hervor, und das Ungeformte erwacht zu der ihm innewohnenden und aufgegebenen Gestalt.

Vom höheren Rang geht eine Kraft aus, die das Unreine, Unstimmige, Unausgeprägte, Verschwommene nicht duldet. Der Widerspruch von Schein und Sein wird unhaltbar. Das Verlogene verbirgt sich, Fassaden geraten ins Wanken, das Verrückte rückt sich zurecht. Menschen von Rang erwecken die Verpflichtung zur Form, und mächtig erwachen in ihrem Umkreis die Kräfte des Seins, die auf Durchformung und harmonische Ganzheit hinzielen. Der

Mensch höheren Ranges befreit den dazu Bereiten zur Auszeugung seines Wesens. Er erlöst ihn vom Bann seines nur daseinsbedingten Ichs und verpflichtet ihn ohne viel Worte zur Treue gegenüber seinem Inbild.

Menschen von Rang spiegeln im Glanz ihres Wesens die urbildliche Ordnung des Seins. Je formkräftiger das Wesen, dessen Inbild in Reinheit zu spiegeln der Sinn aller Gestaltwerdung ist, desto stärker die fordernde und formende Strahlung, die von ihm ausgeht. Nicht Worte, nicht Taten noch Werke sind die unmittelbarsten Zeugen und Medien der verpflichtenden Wahrheit des Seins, sondern was wortlos und ohne Handeln unmittelbar aus dem Wesenskern ausstrahlt. Es durchbricht »ohne Tun« im andern die alltägliche Bindung und beruft ihn mit der Stimme seines ureigenen Wesens in die Freiheit seiner Bewährung.

Für den Menschen höheren Ranges wird die Welt transparent. Strahlend leuchtet für ihn das Sein aus dem Dasein hervor, und schmerzlich berührt ihn zugleich das Unvollkommene jeder Erscheinung. In jeder Gestalt sucht er unwillkürlich das Inbild und erweckt in jedem Menschen das »beste Bild« seines Wesens. Er spricht das Inbild an und ohne besonderes zu tun, übt er auf die Verfassung des anderen den geheimnisvoll verwandelnden Druck aus, der ihn seiner Wesensformel gemäß macht.

Menschen von höherem Rang haben ihren eigenen Stil, der sie aus der Menge herausrückt. Sie können auch Ungewöhnliches tun, das abweicht von der üblichen Norm. Aber ihr Maß werden sie niemals verletzen; denn unabdingbar wahrt das Gesetz ihres Wesens die reine Erscheinung des Inbilds. Das Besondere, das sie heraushebt, ist nicht das Absonderliche des Originals, das aus der Unschuld seines Gemütes mit kindlicher Unbekümmertheit eine Blütenlese seiner urwüchsigen Triebe zu einem seltsamen Strauß bindet, sondern das Gesetz ihres Wesens, das als formende Kraft Gültiges ausstrahlt. Das Original findet seine Kopisten, der Träger des Stils die Gefolgschaft, in der das Gesetz seines Wesens sich auswirkt.

Menschen von höherem Rang haben ein »fernes Auge« – so als blickte es gar nicht aus diesem Menschen heraus, noch eigentlich auf den anderen hin, sondern so, als käme es von irgendwoher aus dem Unendlichen und ginge durch den anderen, ihn durchdringend, hindurch in eine entrückte Ferne. Das »ferne Auge« setzt Abstand und wahrt auch des anderen Geheimnis. Das Auge des Niederen entblättert und betastet Intimes, und leicht dünkt ihn das »ferne Auge«, das durch ihn hindurchgeht, unpersönlich und kalt. Aber je höher der Rang des vom ferneren Auge Betroffenen, um so zwingender weiß er sich von einem Wesen gegrüßt, das mit dem seinen im Unendlichen eins ist.

Menschen von höherem Rang leben im Kreise ihrer eigenen Ordnung und halten, was sie umgibt, in gebührendem Abstand. Sie halten und schaffen Distanz. Der Abstand ist nichts als die Wirkung ihres adli-

gen Wesens und der Unumstößlichkeit ihrer Mitte, die ihr Lebensgesetz ist. Er ist
der Strahlenpanzer ihres unabdingbaren,
bestimmenden Wesens, nicht der Schutz
eines auf Sicherung und Abwehr bedachten
Geschöpfes.

Menschen von Rang sind Künder eines
höheren Gesetzes und seiner das Dasein
formenden Ordnung. So trifft ihr Blick
auch von »oben«. Sie sind nicht hochfah-
rend, sondern stehen auf anderer Höhe
und rühren mit dem Glanz einer höheren
Ordnung den Geringeren an.

Die Haltung des Menschen von Rang
hat den Zauber der königlichen Beschei-
dung. Das Hohe, das sie verkörpert, bewahrt und auch ausdrückt, hebt ihn über
die vielen empor, aber hält ihn zugleich in
der Demut des sich seiner Kleinheit Be-
wußten. Die Unerfüllbarkeit der unendlichen, in seinem Wesen lebendigen Forde-
rung macht allen Dünkel zunichte.

Menschen von Rang haben Glanz – nicht den Glanz eines reflektierenden Scheines, sondern den Glanz aus dem Sein. Es berührt uns der Glanz einer vollkommenen Form und auch ein höheres Licht, das durch diese hindurchscheint.

Es gibt drei Stufen des Glanzes: Der Widerschein eines anderen Lichtes, das Eigenleuchten des in sich vollkommenen Ganzen und ein Hindurchdringen des höheren Lichtes. – Der Glanz in aller Natur ist der Widerschein eines Lichtes, das sich im Medium verschiedener Substanz zur Leuchtkraft der Farben verwandelt und unsere Sinne beglückt. Und so auch strahlt jeder Mensch die Lichter zurück, die er auffängt. Etwas anderes ist der Glanz jener Aura, die das Vollkommene umgibt. Ihr Leuchten berührt nicht die Sinne, sondern jenes innere Auge in uns, das nach dem Vollendeten sucht. Es ist das Leuchten des in sich beschlossenen Ganzen, in dessen Vollkommenheit sich das Licht des Urbildes spiegelt. Jedes vollkommene Gebilde hat dieses eigene Leuchten: Jeder Kristall, jede Blume, jeder harmonische Raum und jedes vollendete Ding, jedes vollkommene Kunstwerk und jeder Mensch in dem Maße, als seine Gestalt das Inbild seines Wesens rein ausdrückt. Je höher aber der Rang eines Menschen, je freier sein Wesen hervortritt, desto mehr auch berührt uns ein Glanz, der auch noch das Leuchten des Formvollendeten übertrifft. Es ist der Glanz eines durchscheinenden Lichtes, ein Strahl aus dem Sein, der nicht die Sinne beglückt und auch nicht schon dem Auge aufgeht, das das Vollkommene sucht, sondern ein mildes Licht der Verheißung, das unsere Seele berührt.

Der Glanz des Vollkommenen zeigt uns im Dasein das Vollendete an. Der Glanz des hindurchscheinenden Lichtes zieht uns leise zu höherer Einheit empor. Je höher der Rang eines Menschen, desto größer nicht nur der Glanz seiner gültigen Form, sondern desto stärker auch jenes Leuchten, das aus der Einheit des Seins hervorkommt und uns im Medium der Form zum Höhersteigen beruft – und eben darin berührt sich der Hohe Rang mit der Hohen Stufe des Menschen.

Es lebt das All im Atem des Seins, das die Fülle der Formen hervorbringt und seine lebendige Einheit in einer Bewegung bekundet, die jede der Formen wieder in die Einheit zurückführt. Der Mensch ist sich selber zur Formwerdung im Dasein bestimmt. In seinem Wesen jedoch der Einheit des Lebens verbunden, vermag er sich niemals endgültig in einer Form zu erfüllen. Als Teilausdruck des Seins ist er auch in seinem Wesen nicht »ganz« und leidet darunter weit über sein Begreifen hinaus. Es drängt ihn aus dem Grund seines Wesens heim in die Einheit des Seins. Als das je besondere Wesen sucht er die ihm eigene Form, aber nur in der Einheit des Seins, die ihn auch dieser enthebt, vermöchte er sich ganz zu erfüllen.

Die der Sicherung bedürftige Gestaltwerdung des Menschen im Dasein verstellt die Auszeugung seines Wesens und widerspricht auch seinem Drang in die Einheit des all-einen Seins. Je mehr ihn der Kampf mit dem Dasein in die Sonderung wirft, in der er sich selber behauptet, desto nötiger wird ihm der Zug in die erlösende Einheit. Er fühlt ihn als Sehnsucht der Seele. Sie drängt ihn, sein Ich-Sein zu lassen und sich reifend dem Sein zu erschließen.

In verschiedenem Maße sind die Menschen in ihrem Ich-Sein befangen. Je mehr sie es sind, desto verschlossener sind sie der in der Sehnsucht der Seele aufklingenden Einheit des Seins. Das Maß ihres Verhaftetseins im raumzeitlichen Dasein hängt ab von der Seinshaltigkeit ihres Wesens. Es hängt davon ab, in welchem Maße in ihrem Wesen die Einheit des Seins bereits atmet. Es unterscheidet die Menschen, wie weit die Einheit des Seins, die alles Besonderte verbindet und alles Gestaltgewordene wieder aufhebt, in ihrem Wesen schon aufging. Das Maß dieses Aufgegangenseins der Einheit des Seins im Wesen, das Maß, in dem das Wesen schon aufging in die Einheit des Seins, erscheint in der Größe der Seele. Menschen sind in verschiedenem Maße »beseelt«, haben ein verschiedenes Maß an Seelentiefe und Kraft, das Leiden zu über-

winden, und ein verschiedenes Maß an ursprünglich umfassender Menschlichkeit. Je
höher die Stufe des Menschen, desto heller
und wärmer erstrahlt aus seinem Wesen
Einheit des Seins, die alle Widrigkeit, Sonderung und Gewordenheit wieder aufhebt.

Die Höhe der Stufe eines Menschen spiegelt sich in seinem Verhältnis zum Dasein.
Sie erscheint in der Weise, wie er sein
Schicksal hinnimmt und sich liebend zu anderen verhält. Je höher die Stufe des Menschen, desto mehr ist sein Leben bestimmt
von der in seinem Wesen schon aufgegan-
genen Einheit des Seins, die alles Besondere, das sich in seinem Eigenanspruch ver-
fing, von sich selber befreit. Der Mensch
höherer Stufe bewährt schon im leidvollen
Dasein die lebendige Einheit des Seins, die
ihn im Wesen bewegt, in der Kraft des
Sich-selbst-Überwachens und in einer Liebe,
die eins macht, erlöst und verbindet.

Als hohe Stufe eines Menschen berührt
uns die Stetigkeit seiner Kraft, sein Ich-
Sein zu überwinden. Alles Leben drängt in

die sich besondernde Form, aber trägt sie auch weiter über sich selber hinaus. Das Gesetz des Steigens, das zum Einswerden verpflichtet, das alle Wesen bewegt, durchwaltet als Formel das Leben, das sich in Formen entfaltet. Ohne Widerstand fügt sich, was bloße Natur ist, dem es beseelenden Ganzen, blüht aus ihm auf zur Gestalt und gibt sich ihm wieder anheim. Im Menschen verfängt sich im Ich das Leben im Willen zu dauern. Aus seiner Teilhabe am unendlichen Sein fühlt wohl der Mensch die Begrenztheit seiner endlichen Form und darüber hinaus auch das Unganzsein seiner daseinsbestimmten Gestalt. Aber als das raumzeitlich bedingte Ich behauptet er sich in eigenmächtiger Form, stellt sich als ein Gewordener im Dasein gegen Wandel und Werden und schließt sich als ein Besonderer gegen den anderen ab. Gewiß kann der Mensch sein Menschsein nur in der Besonderung leben, aber er erfüllt sich als Mensch nur, wenn er, jede Verkrustung durchbrechend, von Stufe zu Stufe im Reifen dem Ruf zum Wiedereinswerden folgt. Im Menschen erfüllt sich das Reifen als wachsende

Freiheit vom Ich. Die Bereitschaft dazu und die Kraft, sich von der Herrschaft des Ichs zu befreien, offenbart die Höhe der Stufe.

Es ist dem Menschen zu Anfang die Höhe seiner Stufe verborgen. So wie der Charakter eines Menschen das Inbild nur eingeschränkt darstellt – weil er, auch von der Welt her bestimmt, es zugleich auch immer verhüllt –, so verbirgt das Gehäuse, darin sich der Mensch als Ichselbst in seinem Dasein behauptet, zunächst auch die Höhe der Stufe, auf der er sich im Wesen befindet. Es ist das Schicksal des Menschen, ein Ichgehäuse zu werden; denn er muß im Dasein bestehen. In welchem Maße jedoch sich der Mensch in dieser Umgrenzung vermauert und diese auf die Dauer über sein Wesen Gewalt hat, hängt ab von der Kraft seiner Seele, d. h. davon, in welchem Maße sie aus der Einheit des Seins schon jede Verkrustung sprengt. Je niedriger die Stufe des Menschseins, um so geringer die Macht seiner Seele, die Fesseln des Ichs zu zerreißen. Je höher die Stufe des Menschen, desto leichter gelingt die Befreiung. Dann kann schon ein kleines Ereignis, das den Menschen im Wesen berührt, ganz plötzlich die Kruste zerschlagen, die im Kampf mit dem Dasein entstand. Das Wesen geht auf, bricht durch, und mit einem einzigen Schlage erwacht er zur Höhe des Weges, die seinem Stande entspricht. Aus den Trümmern des zerschlagenen Gebäudes steht er als ein Gewandelter auf – und nun erst beginnt er das Leben, das seiner Stufe gemäß ist.

Was immer der Mensch auch geworden, als ein Lebendiger bleibt er im Werden. Nur im Werden vermag er zu wachsen und Stufe um Stufe zu reifen. Reifen bedeutet Verwandlung, die das Gewordene aufhebt und im Vergehen zu weiterem Leben entbindet. So wächst auch der Mensch in steter Wandlung zur Höhe, die ihn, reif geworden, befähigt, sich aufzugeben im anderen und Frucht zu bringen als Leib, Geist und Seele. Die Frucht des seelischen Reifens bezeugt die Einheit des Seins, die über das Dasein hinausreicht. Stufe um Stufe kündet seelisches Reifen den Weg, der uns der Not des Daseins enthebt. Nur wo sich der Mensch dem Zug seines Wesens erschließt, der ihn aus der Verschanztheit im Ich-Sein in die Einheit des Lebens beruft, gewinnt er die Frucht seiner Seele. Unterliegt er dem Bann, der ihn in seine Schale einschließt, dann bleibt ihm die Befreiung versagt, nach der sein Wesen sich sehnt. Etwas anderes jedoch als die Reife, die der Mensch im Leben erringt und die ihn auch Schritt um Schritt zum Höhersteigen bereit macht, ist die Höhenstufe des Wesens, die das Maß der Bereitschaft bestimmt. Es gewinnt jeder Mensch im Laufe des Lebens an Reife – und doch sind die Menschen verschieden in ihrer Begabung zu reifen. Die verwandelnde Kraft ihrer Seele, die die Höhe der Stufe bekundet, bestimmt das Maß ihrer Kraft, im Wachsen und Reifen zu bleiben.

Je höher die Stufe des Menschen und also die Größe der Wirkkraft der Einheit, die ihn aus dem Wesen bewegt, um so durchlässiger bleibt jede Form, die er im Dasein gewinnt. Er ist erschlossen dem Sein, das ihn zum Steigen beruft. Williger fügt er sich dann dem steten Zug seines Wesens, der ihn zu neuer Einheit entbindet. Mit großer Geduld und immer zur Wandlung bereit, steigt er stetig empor, Stufe um Stufe mit der Kraft aus der Tiefe das Gewesene verwindend. Er lebt im Zuge des Steigens gehorsam der gesetzlichen Ordnung, die erst jede Form in ihr Werden hineinruft und das Gewordene dann, wenn die Stunde gekommen, zu höherer Einheit befreit. Der Wille, sich als Ich zu behaupten, und das Mühen um gültige Form sind übergriffen vom Antrieb, niemals stille zu stehen und immer im »Zunehmen« zu bleiben.

Der Mensch ist unabdingbar an das Gesetz des Daseins gebunden und so auch dem Leiden geweiht, das ihm aus diesem erwächst. Auch nicht die höhere Stufe des Wesens bewahrt sein Welt-Ich vor dem Leiden, das ihn aus der Gefährlichkeit, Unvollkommenheit und Unganzheit aller Raumzeitlichkeit trifft. Doch weil auf höherer Stufe die Einheit des Seins jede Daseinsgestalt des Menschen auch immer schon zur Selbstaufgabe bereit macht, leidet er, als litte er nicht. Eins mit der Formel des Wesens, die ihn zum Steigen beruft, leidet er nicht mehr am Leiden, und wo ihm Leid widerfährt, wird es ihm zum Stachel des Werdens.

Der Mensch von höherer Stufe ist im Grunde nicht zu verletzen. Es ist, als sei er im Grunde so unzerstörbar und heil und wurzle und wüchse so in diesem tiefinneren Heilsein, daß nichts ihn zu verwunden vermag. Was ist dieses Heilsein im Grunde? Im Innersten heil ist der Mensch, dem alles zum inneren Heil wird.

Nur wo Widerstand ist, kann etwas zerbrechen. Zerbrechen kann nur der Mensch, der sich so im Selbstsein verkrallt hat, daß ihn der Zug seines Wesens nicht zu befreien vermag. Als Lebensgefüge zerstörbar ist nur, wer, hartgeworden, den Wandel nicht zuläßt, den sein Wesen verlangt. In solcher Verfassung befangen, vernimmt der Mensch nicht den »Ruf«. Er kann ihm, auch wo er ihn hört, nicht gläubig und ohne Widerstand folgen. Er widersetzt sich dem Sein,

das das Gewordene aufhebt, und sein Leben wird heillos. Je höher die Stufe des
Menschen, um so gewisser verwandelt sich
jede Verletzung in einen Schritt in die Höhe
und zu einer Zunahme an wahrhaftem
Sein. Jeder Verlust wird zum Ansporn, sich
im Steigen zu halten, und in den Stürmen
des Lebens wird dem Menschen der Widerspruch seines eigentlichen Seins zu seinem
bloßen Ich-Selbstsein vernehmbar. Er folgt
dem Ruf aus der Tiefe, und die Krise wird
heilvolle Wandlung. Wo immer das Schicksal die Form, die ihm wurde, unvermutet
zerstört, widersetzt er sich nicht ihrem Sterben, sondern wächst, sich im Steigen ver-
wandelnd, zu neuer Stufe empor. So bewährt sich die Stufe des Wesens in der
Kraft, Vergängliches zu überwachsen und
im Wandel der Formen zu reifen. Die Höhe
der Stufe erscheint in der Bereitschaft zur
Wandlung.

Wer frei wird von seinem Gehäuse, dem
öffnet sich das Wunder des Seins. In seiner
Leere und Nacktheit erlebt er das Geheimnis der Fülle. Wo andere das Leben ver-

schlingt, fühlt er sich von ihm getragen. Ist er schutzlos und arm, fällt ihm das Nötige zu. Auch arm an Gütern des Daseins steht er im Reichtum des Seins. Er ist der Quelle erschlossen, die nur dem Selbstlosen fließt.

In der Mannigfalt der in Sonderung lebenden Formen erscheint die Einheit des Seins als Sehnsucht nach Ganzheit und bewahrheitet sich in der Kraft, die sie verbindet und eins macht. Eins mit sich selbst wird der Mensch, dessen Seele im Zunehmen bleibt. Im Wesen der Einheit teilhaftig, wird er, seinem Gesetze gehorsam, zum Medium ihrer Bewährung und bekundet sie in der Kraft der verstehenden und sich entäußernden Liebe. Die Einheit des Seins aus dem Wesen bewährend, begibt er sich seines Ichs und befreit im Einswerden mit anderen auch diese von der Not ihres Ichseins. Die Höhe der Stufe des Menschen berührt uns in der Macht seiner Liebe.

Immer erscheint in der Liebe das Bewußtsein eines höheren Ganzen. In sich allein niemals ganz, erfährt der Mensch in der

Liebe, was ihn zum Ganz-Sein befreit. Es löst alle Liebe den Menschen aus dem Bann eines bloßen Ich-selbst-Seins, darin er sich gegen den Wandel und gegen den anderen verschließt. Doch erst die Liebe, die ihn nicht nur als ein Glied irdischer Ganzheit bewegt, sondern die Einheit bekundet, die ihn aus dem Wesen erfüllt, hat erlösende Kraft und äußert die Höhe der Stufe. Die Höhe der Stufe erscheint in der Durchlässigkeit für die Kraft, die das Sein als Einheit bekundet und sich in der Liebe bewährt, die über das Dasein hinausweist.

Der Mensch, dessen Stufe noch nicht die Höhe des anderen erreichte, kann diesen nicht recht verstehen. Er begreift die Geringschätzung nicht für Besitz, Geltung und Macht, begreift nicht die Güte, die an keiner Enttäuschung verdirbt, begreift die Gelassenheit nicht, die ihn durch alles hindurchträgt. Er hält ihn für unwirklich, unkämpferisch, unempfindlich und dumm. So schon versteht der im Leben unreif Gebliebene den gereifteren Menschen nicht mehr. Viel weniger noch kann der Mensch einer niederen Stufe die größere Seele verstehen, die eine höhere Stufe bekundet. Auch die im Leiden allmählich gewonnene Reife zeigt sich in der Bereitschaft, sich dem Schicksal zu fügen, und in freundlich verstehender Güte. Reifen ist immer ein fortschreitendes Eingehen in eine umfassendere Ganzheit. Doch zur höheren Stufe des Menschseins gehört ein Maß an Verstehen und überquellender Liebe, das dem nur in diesem Leben Gereiften nicht mehr voll zugänglich ist. Er weiß wohl um das Gesetz und bewundert das Übermaß an Erfüllung, aber es fehlt ihm selbst die Nötigung aus dem Wesen. Er muß sich noch überwinden, wo der andere nicht anders kann.

Der Mensch höherer Stufe erkennt die Stufe des anderen und begreift all sein Leid nicht nur aus Ursachen und aus Gründen, sondern er versteht es in jeder Form als eine Not auf dem Wege. Selbst einsgeworden mit der großen Bewegung, die sein Wesen stetig emporzieht, sieht er in jedem Zustand des anderen eine Station auf dem Wege. Alles hat seinen Sinn im Zuge der großen Einheit, und jede gewordene Form ist ihm immer nur Durchgang.

Der Mensch höherer Stufe nimmt keinem Zustand der Seele das Recht seines flüchtigen Daseins. So fühlen sich alle Stufen menschlich notleidenden Lebens bei ihm auch gütig verstanden. Menschen höherer Stufe lösen die Sprache des Herzens. In der lösenden Nähe ihrer verstehenden Wärme vergeht der Rechtfertigungswille, der Gewordenes wahrt und mit Gründen verteidigt. Es lösen sich die Knoten des Lebens, Festgezogenes geht auf, Erstarrtes gerät in Bewegung. Die Eigenmacht des Gehäuses, das den Atem verschlug, wird als Irrtum begriffen. Was der Eigenwille verdrängte, bricht wieder mächtig hervor. Kaum weicht der Damm, hebt sich die Welle des Lebens und trägt den von sich selber Befreiten zu höherer Einheit empor.

Gütig ist der Mensch höherer Stufe, weil er alles im Zeichen notwendigen Werdens versteht. Er ist verzeihend und hat die Ungeduld überwunden; denn er weiß um die

Weisheit des Grundes: daß alles seine eigene Zeit hat. Er wertet nicht nach dem Maß höherer Vollendung der Form, sondern begreift als Sünde nur: in der Sonderung zu verharren und auf dem Wege stehen zu bleiben. Wo immer sein Verstehen eine Verstrickung gelöst hat, dort duldet seine Liebe, die auf heilsames Wachsen hinzielt, keinen Aufenthalt mehr. Er wird zum Begleiter auf dem Weg, den jeder für sich selbst gehen muß, doch hilft er ihm, die Steine beiseite zu räumen, die die nächsten Schritte verlegen. Er betrügt den anderen nicht um die Früchte des läuternden Leidens, sondern zeigt ihm den Weg, es schöpferisch zu verwandeln. Und immer hat er vor Augen: Was aus dem Wesen wächst, hat seine eigene Zeit.

Je höher die Stufe des Menschen, desto mehr vollzieht sich sein Wirken als Wirken »ohne zu tun«. Wo er geht oder steht, öffnet er die Tore der Herzen und belebt und erweckt auch die Kräfte, die die Große Einheit bekunden.

Rang und Stufe stehen zueinander in einem bestimmten Verhältnis, hängen miteinander zusammen und sind doch auch nicht abhängig voneinander. Es gibt Menschen von hohem Rang, aber die Stufe, die sie verkörpern, scheint diesem nicht ganz zu entsprechen – so als wären vergangene Leben der Auszeugung ihrer Form günstig gewesen, aber an sinnaufschließendem Leiden und Überwindung zu arm, um sie auch entsprechend reifen zu lassen. Und es gibt Menschen von hoher Stufe, aber von geringerem Rang – so als hätten sie schon viele Leben gelebt und unendlich viel überwunden, aber doch nicht die Schmiede gefunden, die ihnen Prägung verlieh. Und doch schließt eine bestimmte Höhe des Ranges zu niedere Stufe aus, hohe Stufe allzu niederen Rang. Je höher der Rang und die Stufe, desto mehr erscheinen sie, einander durchdringend, in der Strahlungskraft eines Menschen. Sie verwandeln, »ohne zu tun«, nur aus der sanften Gewalt des unbewußt wirkenden Wesens die zugehörige Umwelt.

Im hohen Rang eines Menschen berührt uns die Vollendung der Form. Als hohe Stufe berührt uns die Macht einer Liebe aus dem Wesen. Im Rang eines Menschen liegt seine Berufung zum Wirken. In seiner Stufe kündet seine Reife sich an. Vom Rang geht formende Kraft aus, von der hohen Stufe die Heilung. Hoher Rang belebt der anderen Gewissen, zu verwirklichen als vollkommene Gestalt, was sie in ihrem Inbild verkörpern. Lebendige Stufe bewegt das Gewordene zu der ihm bestimmten Verwandlung. Im Rang lebt die Kraft der Idee, sich als Gestalt auszuzeugen. In der Stufe lebt die Weisheit und Liebe, die das Besondere heimholt in die Einheit des Seins.

Menschen von hohem Rang spiegeln erkennend, bildend und schaffend das Sein und die Ordnung seiner Urbilder wider. Menschen von hoher Stufe spiegeln, sich selbst überwindend, verstehend und liebend die Rückbindung alles Seienden in die alles bergende Einheit des Seins. Beides ist eins und verbunden im Menschen, der wahrhaft groß ist. Schöpferisch ist die Liebe der Großen, formgebend und erlösend.

Die lebendige Einheit des Seins atmet im ewigen Rhythmus von Erlösung und Schöpfung. Aus der Fülle des Urgrunds steigen die nach Vollendung ringenden Formen und streben zugleich in die große Heimat zurück. Die Einheit des Lebens besondert und artikuliert sich zur Mannigfaltigkeit eigenständiger Formen und hebt im stetigen Werden wieder alle Besonderung auf. Im Menschen erscheint die Polarität der Lebensbewegung in der Gegensätzlichkeit von Drang nach vollkommener Gestalt und der Sehnsucht nach enthebendem Einssein, von Entfaltung zur Form und Wieder-Einfaltung in höhere Einheit, von gewordener Verfassung und aufsteigend verwandeltem Werden, von erkennend gewonnener Weltsicht und innerlich erfahrenem Schicksal, von gültig vollzogenem Werk und stetig gegangenem Weg, von gestaltungsmächtigem Geist und reifend sich erfüllender Seele – von Rang und Stufe des Menschen.

In aller bloßen Natur vollzieht sich das Leben als Kreislauf ewigen Werdens und Sterbens, der die lebendigen Formen zu ihrer fruchtbringenden Reife emportreibt und sie dann wieder verschmilzt mit der Einheit, die sie entließ. Im Selbstbewußtsein des Menschen, das im endlichen Dasein den Drang des Wesens zur Form im Willen zur Dauer verhärtet, verwandelt sich der Atem des Lebens in den Gegensatz von Wandel und Bleiben. Das Wachsen und Sterben nur naturhafter Formen, die ohne Gestaltwillen werden und widerstandslos wieder ein-gehen, wird im Menschen zur Kraft, Formen zu schaffen, die gelten, zum andern dann auch zur Kraft, aus Freiheit den Tod zu bejahen, der als Mittler zu höherer Einheit neues Leben entbindet. Im Schauen der gültigen Formen offenbart sich im Menschen das Sein als Urbildlichkeit und als Ordnung, offenbart sich in Reinheit, je nach der Höhe des Ranges. Im leidüberwindenden Reifen und in der Liebeskraft seiner Seele offenbart sich im Menschen die wirkende Einheit des Seins, je nach der Höhe seiner inneren Stufe als eine erlösende und wiederum Neues schaffende Kraft. Es sucht und schafft nur der Mensch die Form als eine gültige Ganzheit. Doch nur der Mensch auch begreift schon im Sterben den Tod als erlösende Macht, die zu neuem Leben entbindet.

Rang und Stufe fallen am Ende zusammen – die Einheit der Pole bekundend. Sie verbinden sich in der Vollendung, und, heimgegangen zum Ausgang, aber auf anderer Höhe, steht der reifende Mensch immer von neuem am Anfang.

Im Selbstbewußtsein des Menschen zerbricht der Atem des Seins zum Gegensatz von Leben und Tod. Doch im Vollenden bekundet sich endlich wieder als Freiheit, was sich im Ausgang naturhaft erfüllte. Er ringt nicht mehr mit dem Tode und sucht auch nicht mehr die Form. Sein Leben führt über Sterben. Sein Sterben überwindet den Tod, und aus der erlösenden Einheit bricht neue Schöpfung hervor. Sein Form-Sein ist Formel der Wandlung. Seine Formel der Wandel der Form. So offenbart sich in ihm im Einklang von Stufe und Rang die große Einheit des Lebens als die des schöpferisch-erlösenden Seins.

# INHALT

Werke von Karlfried Graf Dürckheim

DER MENSCH IM SPIEGEL DER HAND
In Zusammenarbeit mit Ursula von Mangoldt
276 Seiten, 12 Abbildungen, Ganzleinen

*Verlag Hans Huber:*

DURCHBRUCH ZUM WESEN
— Aufsätze und Vorträge —
186 Seiten

ERLEBNIS UND WANDLUNG
— Neue Aufsätze und Vorträge —
164 Seiten, vergriffen

DER ALLTAG ALS ÜBUNG
— Vom Weg der Verwandlung —
131 Seiten

*Verlag Limpert:*

SPORTLICHE LEISTUNG — MENSCHLICHE
REIFE
56 Seiten, kartoniert

*Herder Verlag:*
MEDITIEREN — WOZU UND WIE
238 Seiten, kartoniert

VOM DOPPELTEN URSPRUNG DES
MENSCHEN
272 Seiten, kartoniert

Weitere Bücher aus dem Aurum Verlag

*Siegfried Scharf*
DIE PRAXIS DER HERZENSMEDITATION
— Wort-Meditation — Liebe-Strahlung — Heil-
Meditation — Ein Weg für den westlichen Men-
schen als Synthese christlicher Gebetspraxis und
östlicher Meditationsweisen —

3. Aufl., 122 S., kart. cell.

Die vorliegende Schrift kommt dem Wunsch
nach echten und raschen Fortschritten in der
Meditation, nach meditativer Vertiefung und
nach Sicherung des Meditationserfolges entge-
gen. Sie stellt eine betont praktische und ein-
fache Anleitung dar.

*Inge von Wedemeyer*
DER PFAD DER MEDITATION
IM SPIEGEL EINER UNIVERSALEN KUNST
Mit einem Vorwort von Ernst Benz
216 S., mit 69 Abb., geb.

»Eine universale Galerie der Archetypen der Meditation und ihrer künstlerischen Darstellung
in Liturgie, Literatur und bildender Kunst, die
ungemein anregend und fruchtbar ist.« *(Ernst
Benz)*. Dieses Buch kann ein wesentlicher Schritt
für alle sein, die auf den Stufen der Meditation
das geistige Reich zu erlangen suchen.

AURUM VERLAG · FREIBURG IM BREISGAU